LES FLAMMES
DE L'OBSCURITÉ

© 2024, Lisa Páez
Édition : BoD – Books on Demand,
info@bod.fr
Impression : BoD – Books on Demand,
In de Tarpen 42, Norderstedt (Allemagne)
Impression à la demande

ISBN : 978-2-3225-3679-5
Dépôt légal : Août 2024

Reproduction intégrale ou partielle interdite

RECUEIL DE POÈMES

Les flammes de l'obscurité

LISA PÁEZ

AVANT-PROPOS

Chers lecteurs,

J'ai côtoyé pendant plus de trois ans une maladie dépressive qui m'a fait frôler l'enfer en me faisant vivre un chaos complet.

L'écriture est apparue dans ma vie en même temps que mes tourments et, sans elle, je ne serais pas à écrire ce recueil en ce jour. Je ne serais pas là tout simplement.
Elle me permet d'extérioriser les mots que je pense tout bas et que je n'ai jamais eu le courage de clamer haut et fort. Elle me fait me sentir vivante et me convainc d'exister.

Aujourd'hui, plus de deux ans après m'être vraiment lancée dans le voyage des mots, je mets en forme ce recueil de poèmes. Je voulais poser mes idées, panser mes pensées. Quoi de mieux que d'utiliser les mots pour le faire ?

J'espère que vous saurez trouver le réconfort qui m'a été apporté en déposant mes plaies sur le papier.

Belle lecture,
Lisa

AVERTISSEMENTS

Ce recueil aborde des sujets pouvant être difficiles à évoquer :

- attouchements sexuels ;
- crises de panique, angoisses ;
- phobie scolaire ;
- automutilation ;
- déceptions amoureuses ;
- décès ;
- harcèlement ;
- pensées suicidaires.

Si, à un quelconque moment, votre lecture devient trop prenante, je vous invite à l'arrêter.

Ce recueil a pour objectif de mettre en lumière des situations pouvant être difficiles à vivre et/ou à subir.

Il traitera cependant dans la dernière partie de reconstruction et d'acceptation de soi, puisqu'après le chaos vient la guérison.

SOMMAIRE

PARTIE I – CORPS

PARTIE II – CŒUR

PARTIE III – ÂME

*à tous ceux qui,
à force de côtoyer la tristesse,
la peine,
la haine,
ont fini par s'y plaire,
ont fini par s'y perdre,
mais surtout ont été amenés,
à être brûlés par les flammes de l'obscurité :
ce recueil est pour vous.*

PARTIE I - CORPS

FRISSONS

LISA PÁEZ

souvenirs, souvenirs

leurs mains grossières,
rugueuses et vulgaires
au contact des parcelles de mon corps
hantent mes pensées

souffrir, souffrir
je ne suis plus rien

leurs rires à gorge déployée,
signifiant : « J'EN VEUX ENCORE »
me rendent faible,
vulnérable et désarmée

fléchir, fléchir

je déteste ce jeu fougueux,
sillonné d'amertume

mourir, mourir

maintenant inerte,
je péris à petit feu
dans ces flammes qui me consument

LES FLAMMES DE L'OBSCURITÉ

ce n'était que des enfants
hurlais-je chaque soir plus fort,
comme pour les dédouaner de toute responsabilité,
comme pour minimiser ce que j'ai éprouvé,
subi et enduré

j'ai été salie,
abîmée et souillée
par des gamins
qui souhaitaient découvrir un corps féminisé,
qui n'ont pas pris la peine de demander,
qui se sont contentés
de combler leurs désirs inavoués

horreur, horreur
dégoût, dégoût
peur, peur

je suis à bout

LISA PÁEZ

c'était fermé,
clos
et vous avez tout de même ouvert cette porte
celle qui menait vers les décombres de ma perte

c'était fermé,
clos
et vous m'avez tout de même emmenée
droit dans la cage de cet enfer

cruauté
monstruosité
vous avez brisé mon âme
en comblant tous vos désirs infâmes

méchanceté
inhumanité
vous avez rompu mon cœur
en sillonnant mon corps

LES FLAMMES DE L'OBSCURITÉ

cette peur me dévore
je suis dans l'inconfort
je frôle la mort

sors, sors
de cette impasse,
fraye-toi un chemin
ou crie encore plus fort

aucun mot ne sort
serait-ce moi ou eux qui ont tort ?

LISA PÁEZ

je perds tout sentiment de contrôle,
dès que quelqu'un me frôle

angoisse

froid,
chaud,
tremblements

mon cœur se froisse

peur,
effroi,
panique

je reste là à subir et dépérir
aux dépens de mon âme

LES FLAMMES DE L'OBSCURITÉ

peur, peur
peur de parler
et qu'ils n'entendent pas mes paroles

peur, peur
peur de pleurer
et qu'ils ne respectent pas mes larmes

peur, peur
peur de m'attacher
et qu'ils se servent de cette vulnérabilité
pour m'atteindre,
me briser et *me toucher*

peur, peur
peur d'aimer
et qu'ils usent de cette faiblesse
pour me contraindre à m'incliner

peur, peur
peur d'exister
dans ce monde qui ne fait que m'abîmer

LISA PÁEZ

ce sentiment de culpabilité
qui ronge,
qui blesse,
qui n'a pas lieu d'être
je ne suis pas coupable

ce sentiment de fragilité
qui éponge cette tristesse,
celle que je ne devrais pas connaître
je ne suis pas coupable

peut-être que *si* j'avais osé m'opposer
tout cela ne serait pas arrivé

peut-être que *si* j'avais davantage hurlé,
quelqu'un m'aurait aidée,
protégée ou sauvée
je ne suis pas coupable

LES FLAMMES DE L'OBSCURITÉ

amusant
cela devait-être,
puisqu'ils en riaient
et ne s'en cachaient pas

alors ainsi,
je ne me reconnais plus
je déteste ça

l'impression que mon corps n'est plus mien,
que la mort m'appartient

j'ai la sensation que tout dérive,
tout m'échappe
que je ne contrôle plus rien
je déteste ça

LISA PÁEZ

mon corps frêle
tremble,
grelotte
à la compagnie d'un autre

mon corps faible
frisonne,
tressaute
me rappelant que ce n'était pas ma faute

peur
dégoût
honte
qui suis-je ?
je ne me reconnais plus

LES FLAMMES DE L'OBSCURITÉ

éphémère ?
soit disant tout l'est,
mais est-ce que cette sensation *d'étranger*
avec mon propre corps prendra fin ?

est-ce que ce sentiment de culpabilité
un jour s'arrêtera ?

éphémère
j'aimerais que tout disparaisse,
ces maux,
ces peines,
cette haine

comment faire ?
je ne peux revenir en arrière,
je ne peux modifier cet enfer,
je dois alors simplement me satisfaire
de ce triste destin que l'on m'a offert

LISA PÁEZ

légitimité
cela s'est-il réellement passé ?
cette question qui revient constamment

sans aucun doute,
cet arbre,
vos mains,
mon corps ;
je me revois frôlant la mort

légitimité
pourquoi est-ce donc les victimes
qui en sont touchées ?

tous ces questionnements,
ces pourquoi,
ceux qui me déstabilisent,
ceux qui me décrédibilisent,
ceux qui font que mon cœur palpite trop vite,
cependant je me dois de le calmer,
sous peine qu'il menace de me lâcher

ANGOISSES

LISA PÁEZ

je tremble inévitablement
ces mouvements sont épuisants,
fatigants,
incessants

cette angoisse de vivre,
cette angoisse d'exister,
cette angoisse de survivre
puis simplement celle de rester,
de rester à cette place,
de rester à ma place,
celle qui convainc
que je n'ai plus de lendemain,
celle qui me crie d'en finir,
qui me hurle de périr,
me clame de partir,
me supplie de mourir
je n'en peux plus
de ces voix qui me hantent
et me consument

LES FLAMMES DE L'OBSCURITÉ

anxiété,
ô grande anxiété,
toi qui vis à mes côtés,
moi qui vis aux tiens,
nous ne formons maintenant qu'un

je dois t'avouer ces quelques mots,
ces quelques pensées à ton égard,
celles que je n'ai jamais eu le temps de te confier

je n'ai jamais eu la force ni le courage
de te contrer pour t'en faire part

sais-tu combien tu me détruis ?
jour après jour
nuit après nuit
sais-tu combien tu m'affaiblis ?
encore et toujours
finalement,
je ne suis jamais à l'abri

LISA PÁEZ

anxiété
tu surviens sans prévenir,
avec toi je ne fais que subir,
me voir triste ne peut te suffire,
tu préfères me voir à terre,
tu préfères me faire taire
avec toi,
c'est comme vivre aux côtés d'un démon,
tu me hantes,
m'abîmes
fais de moi ta victime,
prend plaisir à détruire mon estime
je te hais

tu me fais perdre confiance,
tu me fais perdre patience,
je ne sais vers où me diriger
puisqu'avec toi à mes côtés
je suis perdue dans cette fosse infernale
qui ne fait que me hanter

LES FLAMMES DE L'OBSCURITÉ

la foule m'entoure

« coule, coule dans l'océan de tes angoisses »
m'acclame mon esprit

« noie-toi dans la mer de tes ennuis
qui t'enlace et t'enferme,
au-delà de tes maudites envies »

ce stress me dévore,
m'obsède
mais il me stimule
paradoxe démoniaque

ce stress me hante,
me blesse
mais il me fait vivre
contradiction effroyable

LISA PÁEZ

angoisse
il m'est arrivé de t'appeler,
aussi vite tu as surgi
puis,
après que tu m'aies envahie,
j'ai aussitôt regretté

angoisse
il m'est arrivé de te vouloir,
aussi vite tu es venue
puis,
une fois après avoir comblé ce bonheur illusoire,
je t'ai aussitôt détesté

angoisse
il m'est arrivé de te désirer,
aussi vite tu es apparue
puis,
après avoir démoli tous mes espoirs
je me le suis aussitôt reproché

LES FLAMMES DE L'OBSCURITÉ

anxiété
toi et moi
sommes liées

tu es ancrée en moi
tel un tatouage,
indélébile,
discret
mais pourtant là

va-t'en !
pars loin d'ici,
loin de moi,
et de ma vie

va-t'en !
sort de mon esprit,
laisse moi vivre,
exister,
comme je l'ai toujours rêvé

LISA PÁEZ

plus j'avançais vers mon sort
rentrer en classe
plus ma gorge se nouait,
je ne tenais plus en place

ils appelaient cela lâcheté,
faiblesse et inertie
là où je surnommais ce calvaire :
enfer,
misère,
torture et supplice

je me demande
est-ce qu'ils ressentent comme moi ?
ce nœud au fond de la gorge,
ce stress fulgurant qui m'attrape,
ces pensées néfastes qui me traquent

LES FLAMMES DE L'OBSCURITÉ

je sais que je dois y aller,
que je dois y faire face,
mais rien que cette pensée
de me rendre sur place,
me donne la nausée,
et mon sang se glace

mon ventre
commence à me faire horriblement souffrir,
il se noue,
se tort,
jusqu'à me faire subir,
une douleur atroce,
inhumaine,
qui me prive d'oxygène

je ne peux plus parler
je ne peux plus respirer
chaque soupir me paraît être le dernier
chacune des secondes me semble arrêtée

LISA PÁEZ

les cours commencent,
alors,
je me dis :
« cours »

je me crie :
« fuis »,
me le supplie

je dois contourner ce supplice,
je dois échapper à cette douleur infâme
que supporte mon cœur,
mon corps et mon âme

je dois m'évader de ce cauchemar angoissant,
triste,
effrayant,
bien trop prenant
je dois me sauver de cette torture infinie

LES FLAMMES DE L'OBSCURITÉ

phobie scolaire,
c'est ainsi que je l'ai nommée

prisonnière,
c'est ainsi que j'ai été

des matins
de *boule au ventre*
avant de me rendre en cours

un refus concret d'y aller

quelques cours manqués,
puis une quantité énorme,
hors normes

je ne suis que la fille qui ment,
que la camarade absente
ignorance

LISA PÁEZ

sortir de cours
pour se rendre à l'infirmerie

je suis arrivée à un point
où je côtoie plus l'infirmière
que mes propres amis

des questions se posent,
des interrogations aussi,
autour de moi plane,
un sentiment incompris

un cours manqué
deux cours manqués...

« pourquoi n'est-elle plus là ? »

pendant que vous décryptez mon absence,
je me bats quotidiennement
pour lutter face à mon existence,
celle qui pour moi,
est dénuée de sens

LES FLAMMES DE L'OBSCURITÉ

aux repas de famille
on me dévisage

je ne suis que la fille
étrange,
bizarre,
celle qui se perd parmi les pages

aux repas de famille
on m'interroge

« as-tu trouvé ta voie ? »
me rappelant que je ne fais que cela,
chercher,
chercher mais en vain
je suis oppressée par le bruit de cette horloge

LISA PÁEZ

8h,
en classe,
déployant tant de sourires mensongers,
faisant mine de bien me porter,
dans ma tête ça ne cesse de bouillonner

18h,
rentrant à la maison,
ce n'est plus cet ange de la journée
que l'on voit face au miroir,
c'est un démon,
le démon qu'ils ont créé à me faire encaisser,
à me faire endurer,
acquiescer,
sans ne rien pouvoir déjouer
je me suis laissée atteindre,
je les ai laissés me toucher,
toucher mon âme
et mon esprit
sans me défendre
ni même me protéger

LES FLAMMES DE L'OBSCURITÉ

la colère me frôle,
la colère m'enserre,
la colère prend le contrôle,
la colère me perd

qui suis-je ?
plus moi

qui suis-je ?
un pâle reflet d'une personne sans voie
qui pourtant déploie sa voix
mais jamais au bon moment

face aux autres :
veiller de soigner le paraître

face à moi-même,
face à mes fautes :
il n'est question que de disparaître

LISA PÁEZ

la colère me détruit à petit feu,
par moments,
elle me rend silencieuse,
par d'autres,
elle crée ce diable qu'on redoute

je me tais,
j'encaisse,
pour finir par exploser tôt ou tard

je me tais,
j'acquiesce,
pour toujours retourner au point de départ :
cette rage sans nom,
cette peine de plomb
qui est-ce que je deviens ?

je me perds au fil des jours,
je suis arrivée à ce point de *non-retour*

LES FLAMMES DE L'OBSCURITÉ

on me dit de respirer,
bien que j'ai oublié comment le faire

on me dit de souffler,
bien qu'après chaque inspiration je brûle de cet air
étrange engrenage

on me dit de me calmer,
bien que je ne sache plus comment faire

peurs
angoisses
tressautements
que se passe-t-il ?

appréhensions
craintes
mouvements
que m'arrive-t-il ?

LISA PÁEZ

je pleure,
bien que je fasse tout pour taire ces larmes

j'ai peur,
j'ai la sensation de brûler de mille flammes

chaos
oppression
désordre
perturbation
tumulte
préoccupation
je me perds dans ce bas monde

vie ébranlée
existence mensongère
cœur brûlé
joies éphémères
je m'égare face à ce passé immonde

LES FLAMMES DE L'OBSCURITÉ

tremblements,
tressautements,
battements de cœur irréguliers,
froid,
chaud,
me sentir loin d'où je suis
sentir mon corps me lâcher
j'ai sombré
je ne sais comment me retrouver

vertiges,
mon souffle est court,
mon souffle est lourd,
je ne sens plus mon corps

je me sens tomber,
l'impression de partir loin d'où je suis
dans un monde parallèle
là où les peines s'effacent,
où les sourires demeurent
affreuse chimère

LISA PÁEZ

je me déteste,
je me hais,
j'abhorre chaque parcelle de mon être

je me déteste,
je me hais,
j'abhorre ma façon d'être

je me déteste,
je me hais,
et je me demande :
« arriverai-je à me pardonner un jour ? »
me pardonner toutes les erreurs que j'ai commises,
les joies que je m'étais promises
et que je n'ai pas réussi à atteindre,
me pardonner toutes les âmes que j'ai abîmées,
sur le passage de la mienne qui venait de se briser

ENTAILLES

LISA PÁEZ

à chaque échec,
chaque déception,
chaque peine,
chaque affliction,
je grave des entailles,
au rythme de mes batailles,
sur les parcelles de ma chair,
qui marquent tous ces moments,
ancrent tous ces instants,
bien qu'ils soient éphémères

les blessures sont,
quant à elles,
éternelles,
perpétuelles

les coupures violentes ne diminuent en rien
la souffrance endurée,
toutefois elles la décalent,
la mettent de côté,
même si c'est loin d'être pour l'éternité

LES FLAMMES DE L'OBSCURITÉ

je me dis :
« une coupure,
une deuxième,
une troisième,
une dernière »,
je me le promets,
et pourtant j'en suis incapable

vient ce moment,
où la douleur est si forte,
si insupportable,
qu'elle enivre mon âme
d'une manière si intense,
qu'elle finit par s'embraser

je m'arrête,
laissant donc derrière moi,
des blessures sur mon corps,
dignes d'une guerre,
le duplicata d'un enfer

un trait pour ma culpabilité,
un deuxième pour mes responsabilités,
un troisième pour ma sensibilité,
un quatrième pour mon instabilité,
un cinquième pour ma vulnérabilité,
un sixième pour mon irritabilité,
un septième pour ma susceptibilité,
un huitième pour ma fragilité,
un neuvième pour mon imbécilité,
un dixième pour n'importe quelle autre banalité

chaque coupure est une excuse ou un prétexte,
pour différer la douleur de mon cœur à mon corps,
aussi longtemps que possible,
car mon corps résiste,
mais mon cœur quant à lui,
menace de me laisser,
de partir,
d'abandonner

LES FLAMMES DE L'OBSCURITÉ

comme l'envie de faire de ma peau
le tableau de tous mes maux

toutes ces douleurs ressenties,
endurées et subies,
ne sont en réalité rien
comparées au calvaire que j'inflige à ma tête,
à mon esprit
j'ai beau blâmer et blâmer encore le monde,
sur mon malheur,
mon antipode du bonheur,
la triste vérité
est que je me torture moi-même,
de mille et une manières possibles,
trop de pensées,
un débordement d'idées
des idées sordides,
des idées morbides,
mais qui en fin de compte,
font que je suis moi

LISA PÁEZ

pleure,
pleure,
de souffrance physique,
mais oublie,
oublie,
ta douleur psychique

LES FLAMMES DE L'OBSCURITÉ

peut-être que tous ces maux
finiront par s'envoler,
si je me blesse suffisamment

alors,
peut-être aussi
que je m'envolerai avec eux,
mais au moins,
je n'aurai plus à supporter
cette douleur qui m'oppresse
jour après jour

LISA PÁEZ

le sang coule,
et ainsi je m'écroule,
à terre,
au sol,
je m'immobilise
tout comme je m'isole

ancrée à mon parquet,
je réalise n'avoir probablement
pas fait ce qu'il fallait
pourtant j'ai fait de mon mieux,
pour faire fuir ce côté anxieux,
celui que je porte maintenant depuis des mois,
que dis-je ?
des années,
des années consécutives,
interminables,
évolutives,
pas dans le bien
seulement pour me réfugier dans le mal

LES FLAMMES DE L'OBSCURITÉ

les marques sur mon corps
ne sont pas implantées à la légère,
elles représentent,
des années de souffrances inexpliquées,
des mois entiers d'esprit torturé

elles ne sont que l'écho de mes maux,
la mélodie de mes chansons,
le rythme de ma vie,
le sens de mon existence

LISA PÁEZ

j'ai mal,
certes,
mais mon cœur pleure tellement de larmes,
qu'il amoindrit la douleur de mon corps
peines atténuées

je souffre,
certes,
mais cet espoir
qu'un jour disparaissent tous mes maux,
réduit tous mes chagrins,
tous mes tourments,
tout ce qui sonne faux
blessures adoucies

LES FLAMMES DE L'OBSCURITÉ

plaies ouvertes,
peines découvertes,
cicatrices violentes,
déchirures effrayantes,
j'ai atteint les ténèbres

LISA PÁEZ

les plaies recouvrant mon corps
sont témoins du chemin parcouru,
et des malheurs apparus

les entailles arpentant mon corps
ne sont que le reflet
d'un « je ne peux plus »
d'un « je ne veux plus »

plus possible de vivre
avec ces tourments d'inconfort,
de vivre
avec ces souffrances qui me dévorent

épuisée,
lassée,
j'aimerais seulement être apaisée d'exister

PARTIE II - CŒUR

DÉBRIS

LISA PÁEZ

mon cœur s'est rompu
à la seconde où il a vu
que le tien battait pour tout le monde,
sauf pour moi
désillusion

maux d'amour,
guérison par la haine,
dorénavant je t'en veux,
non pas de ne pas m'avoir choisie,
mais de m'avoir fait croire que c'était le cas
jeu mortel
une chose a disparu en moi

LES FLAMMES DE L'OBSCURITÉ

je vivais à tes côtés

j'existais,
sans me préoccuper
de toutes ces pensées,
de toutes *mes* pensées,
celles qui me faisaient me détester
et ont recommencé à le faire,
une fois que tu as décidé
que je n'étais rien,
que je n'étais personne
j'ai alors frôlé l'enfer

peut-être que si je ne l'avais jamais apprécié,
cela aurait évité,
que cède mon cœur

bribes
morceaux
éclats
je ne suis plus rien

LES FLAMMES DE L'OBSCURITÉ

des fragments de ruines,
voici ce qu'est mon cœur dès à présent

des décharges dans ma poitrine,
voici ce qui ébranle mon cœur dorénavant

un cœur faible,
un cœur fragile,
un cœur miel,
un cœur gracile

LISA PÁEZ

l'amour brise,
l'amour écœure,
l'amour vise le cœur,
s'acharne sur lui,
le transforme en gravats,
achève ses envies,
les confond en brouhaha

un ensemble de bruits inaudibles pour moi,
la fin du répit,
qui m'animait autrefois

LES FLAMMES DE L'OBSCURITÉ

le cœur,
l'organe maître des émotions,
l'organe qui dirige tous les sentiments,
toutes les sensations,
l'organe qui bat au rythme des autres,
l'organe qui s'enflamme,
qui fait des étincelles
au fil des secondes passées,
aux côtés de ceux qu'on aime
mais l'organe qui finit par se consumer
à force d'avoir trop apprécié

LISA PÁEZ

l'oubli
l'oubli de ma vie d'avant,
l'oubli de la beauté de cet auparavant

étant complètement renfermée sur cet événement,
je m'aveugle face à ce qui m'attends

« laisse le temps faire les choses »
inutile
je connais la finalité :
déception et cœur brisé

LES FLAMMES DE L'OBSCURITÉ

quand tu donnes à l'amour le pouvoir de te bercer,
tu le laisses entrer dans les moindres recoins :
ton corps,
ton cœur,
ton âme

tu lui donnes ainsi la possibilité
de les détruire un à un

ton corps ?
l'amour le consume

ton cœur ?
l'amour le piétine

ton âme ?
l'amour la déchire

LISA PÁEZ

face à l'amour,
je ne suis plus qu'un bout de chiffon,
seule et errante,
à la recherche de reconstruction

un bout de tissu complètement délaissé,
abandonné sur la route

un bout de tissu entièrement consumé
qui a inévitablement fini par s'embraser
face aux doutes

LES FLAMMES DE L'OBSCURITÉ

la noirceur de ton regard,
a eu le don de geler mon âme

tu disais me vouloir moi
et pas une autre
encore une fois,
je me suis faite avoir par tes mots,
tes belles paroles
tout est ma faute

j'ai cru en toi
avant de croire en moi
vulgaire erreur

tu as usé de cette faiblesse,
que sont les sentiments
pour accéder à mes secrets les mieux gardés,
à mes peurs les plus inavouées
tu t'es servi de moi

LISA PÁEZ

la déception amoureuse :
la grande,
la fameuse

celle qui hurle que ton cœur se tord,
que ton âme se brise
qu'ils brûlent en un temps record,
qu'ils sont sous emprise,
l'emprise de ce sentiment
aussi abject soit-il
j'ai nommé :
l'amour

l'emprise de ce que l'on ressent
aussi horrible soit-il
j'ai nommé :
le point de non-retour

LES FLAMMES DE L'OBSCURITÉ

quand l'amour t'enlise,
quand l'amour te prive,
quand l'amour te brise,
quand l'amour te captive,
tu n'as d'autres choix que de rester là,
et te laisser faire,
pourrir en enfer,
et t'en satisfaire

DOULEURS

LISA PÁEZ

une insulte,
un mot un peu trop haut,
que j'ai laissé passer,
alors que je n'aurais pas dû,
car tu t'es familiarisée,
car tu t'es habituée
à faire de moi ton esclave,
ton souffre-douleur,
à faire de moi le reflet,
la conséquence de toutes tes humeurs

LES FLAMMES DE L'OBSCURITÉ

ils m'ont dit
« confiance »,
« accorde-moi ta confiance »,
« on ne la brisera pas »,
« pas cette fois »,
résultat :
ils m'avaient promis
le monde,
la lune,
les étoiles,
mais ils n'ont fait que me poignarder,
avec une simple météorite en plein cœur

LISA PÁEZ

j'étais cette petite fille,
celle qui n'osait pas parler,
n'osait pas déranger,
interpeller,
s'interposer,
simplement celle qui avait honte d'exister

j'étais cette petite fille,
simple,
qui n'en faisait pas trop
car elle avait justement peur d'être *de trop*

j'étais cette petite fille,
apeurée par la vie

j'étais cette petite fille,
celle qui n'avait rien demandé,
et qui pourtant,
recevait toujours une tornade de *non-dit* enragés

LES FLAMMES DE L'OBSCURITÉ

je me suis toujours questionnée sur ma légitimité
suis-je suffisante ?
suis-je assez ?
pour le monde,
pour ce monde,
qui m'a tant de fois rejetée,
refoulée

est-ce que je mérite cette place ?
ma place ?

puis,
j'ai rapidement compris,
que la vie s'est chargée de me donner une réponse
les autres me repoussaient,
je leur déplaisais,
les dégoûtais
les autres me haïssaient,
je n'étais *personne*

LISA PÁEZ

pas un seul instant de répit,
pas une seule seconde de pause,
face à cette animosité infinie

c'était moi,
c'était vous

c'était vous,
c'était moi
je ne pouvais pas rivaliser

LES FLAMMES DE L'OBSCURITÉ

répercussions

conséquences

traumatismes

toutes ces paroles qui,
pour vous n'étaient que des mots,
des fins murmures,
ont fini par former une montagne de maux,
et dans mon cœur,
créer d'infernales brûlures

LISA PÁEZ

le rejet :
une braise qui s'enflamme,
qui te consume,
et te blesse à coup de lame

le rejet :
tu veux t'en défaire,
mais c'est pire qu'avant,
plus désastreux que des sables mouvants

le rejet :
il t'écorche à la cime de ta construction,
te mets mal,
à la moindre occasion

le rejet :
c'est le pire des poisons

lent,
bien que douloureux
violent,
bien que silencieux

LES FLAMMES DE L'OBSCURITÉ

harceler,
c'est briser,
briser en mille et une pièces,
briser sans aucune délicatesse
ça brise et ça blesse

harcèlement
dans ce dernier,
tu ne trouves aucune tendresse,
simplement il t'abîme et t'agresse

harceler,
c'est tuer,
tuer ce feu de vie qui résonne en nous
tuer cette envie de profiter,
d'exister,
d'être fou

harceler,
c'est démanteler,
démanteler la confiance pas après pas,
démanteler l'insouciance dans tous ses états

LISA PÁEZ

chaque soir,
je me remémore vos actes
me convainquant face à mon miroir
que peut-être j'avais tort

et si j'étais destinée,
à tous vos mauvais mots,
à tous vos mauvais sorts ?

LES FLAMMES DE L'OBSCURITÉ

il suffit d'une parole,
d'un acte,
d'un mot
pour impacter toute une vie

j'ai été traité de « pot de colle »
alors que je voulais simplement être leur amie

on m'a dit
« prends ton envol »
pour ne pas laisser ces personnes ruiner tes nuits

pourtant,
toutes ces veilles d'école,
j'étais tétanisée lorsque l'horloge passait minuit

LISA PÁEZ

Par moments, des événements te frappent et tu penses que c'est le pire qui puisse t'arriver. Tu descends au plus bas de l'enfer et tu te demandes « comment pourrais-je sombrer davantage ? » Après des années de harcèlement je pensais que le pire était là, que je ne traverserais jamais une phase plus difficile que celle-ci. Mais la maladie, qui reste dans l'ombre, finit par emporter des êtres chers, des êtres qui ne méritent que de vivre, mais pour qui, exister est un poids. Alors, la vie les guide sur le chemin de la mort, les emporte dans cette tempête. Mais, une chose que la vie a oublié, c'est qu'en faisant partir cette personne, j'ai disparu avec elle. Tous mes sourires, toutes mes joies, tout mon amour : je n'étais plus que vide.

LES FLAMMES DE L'OBSCURITÉ

on dit qu'aimer,
c'est laisser partir
mais comment suis-je supposée laisser s'en aller,
cette personne qui a pour moi tant compté,
cette personne qui m'a tant aidée

je ne voulais pas,
je ne voulais plus,
enfermée sous leur emprise,
sous le poids de leurs mots,
leurs moqueries,
mes hantises,
tout se passait à mon insu
je voulais m'en aller,
rejoindre les étoiles qui ne cessent jamais de briller,
mais sans le savoir tu m'as fait rester,
tu as été celle qui m'a convaincue de ne pas abandonner

LISA PÁEZ

le retentissement de cette chanson me brise,
mon cœur est sous emprise,
prise au piège dans cette église,
je n'ai plus aucune maîtrise,
je suis au bord de la crise,
puis survient ma plus grande hantise,
celle de céder à la tentation,
qui me hurle :
« PLEURE À FOISON »

mes larmes auraient leur place,
puisqu'un enterrement,
une sépulture,
ont lieu,
hélas !
pourtant je ne sais pourquoi,
je veux me retenir.
je me dis que garder ces gouttes salées,
au fond de mon âme,
m'empêche de réaliser,
la vérité de ce drame

LES FLAMMES DE L'OBSCURITÉ

ces discours,
les nôtres,
ceux des petits enfants

j'aimerais faire demi-tour,
quitter les autres,
bien qu'étant déjà mise en avant

je récite un poème,
un deuxième,
ma voix frissonne,
ma voix fébrile raisonne

les larmes ne menacent pas de couler,
excepté lorsqu'il prononce cette dernière phrase
la voix tremblante,
l'âme ardente,
ses larmes sont de sortie,
les miennes aussi

LISA PÁEZ

l'arrivée dans le cimetière
se fait dans le plus grand calme,
un silence dense,
étoffé

nous nous situons face à sa tombe,
le personnel place le cercueil sous terre,
chaque petit enfant jette une rose
dans l'abîme que représente cette fosse

son corps,
vide de vie,
son esprit,
demeurant parmi ceux qui ont péri

LES FLAMMES DE L'OBSCURITÉ

face à ce cageot en bois,
des larmes roulent sur mes joues

peu à peu je m'aperçois,
qu'il n'y a plus de elle et moi,
qu'il n'y aura plus de *nous*

le décès,
la déception
la défaite,
ma défaite,
au goût amer du poison
me détruit à répétition

triste,
figée,
des fleurs m'entourent,
des larmes tombent sur le sol,
le froid nous enserre
c'est la fin

LISA PÁEZ

tu es partie
en laissant un vide

tu es partie
créant ainsi un pli,
un nœud dans ma gorge,
dans mon âme
et dans mon cœur

VIDE

les idées toujours plus prenantes,
mon esprit vacille

les pensées toujours plus envahissantes,
mon cœur palpite

l'envie de plus rien,
l'envie de fin,
l'envie de m'endormir
et de ne pas me réveiller le lendemain

LES FLAMMES DE L'OBSCURITÉ

sourire sourire,
derrière toi je dissimule mes maux

sourire sourire,
tu sonnes de plus en plus faux

sourire sourire,
tu n'es jamais de trop

sourire sourire,
tu es sur la réserve

sourire sourire,
tu es figé sur mes lèvres

LISA PÁEZ

« VA-T'EN »
hurlais-je encore et encore,
« juste un instant »
dit-elle et m'implore

la maladie m'enlise
face aux abîmes
la maladie me prive
d'une joie même minime

LES FLAMMES DE L'OBSCURITÉ

dépression,
je ne peux plus,
je ne peux plus vivre avec toi,
il faut que tu partes,
que tu me laisses vivre,
que tu me laisses survivre,
survivre à toi,
à tes venues,
tes imprévus,
tes secousses
et tes démons

LISA PÁEZ

je ne suis que l'écho d'une personne,
bloquée dans le passé

je ne suis que l'écho de quelqu'un,
se sentant dépassé,
dépassé par la vie,
par les choix,
et les décisions

nous n'avons même pas atteint la majorité
qu'ils nous demandent de prendre des décisions,
celles qui vont tracer toute notre vie

seize ans
comment suis-je supposée savoir
où je veux me trouver dans cinquante ans,
sachant que je ne sais même pas
si mon cœur aura la force de tenir jusque-là ?

LES FLAMMES DE L'OBSCURITÉ

je suis vide,
vide par toi,
vide tant de fois,
vide en moi,
je n'ai plus de voix,
je n'ai plus de voie,
je ne suis plus celle que j'étais autrefois
cette petite fille joyeuse,
cette petite fille heureuse,
ou qui,
à défaut de connaître le bonheur,
l'a côtoyé de très près

un bonheur sans nom,
un bonheur sans frontière,
le bonheur,
un surnom,
on devrait l'appeler
« la fausse joie éphémère »

LISA PÁEZ

je suis esclave de la maladie

elle me dirige,
elle m'oblige à vivre à ses côtés,
à résider dans l'obscurité

LES FLAMMES DE L'OBSCURITÉ

dépression,
tu as causé trop de dégâts

dépression,
tu es un véritable débat

est-ce que je me plais,
lorsque je suis près de toi
ou seulement parce que je suis un peu moins moi ?

tu as pris le dessus sur ma personnalité,
mon caractère,
ma façon d'interagir

tu es devenue une entité,
tu m'as déclaré la guerre,
pour me faire un peu plus souffrir

LISA PÁEZ

deux heures du matin,
insomnie

ne sachant que faire,
ne parvenant pas à dormir,
ne réussissant pas à faire taire,
ces pensées qui m'animent,
et qui tout autant m'abîment

je patiente dans mon lit,
tournant à droite,
tournant à gauche,
attendant que les secondes passent
et s'écoulent au rythme de ma fatigue

LES FLAMMES DE L'OBSCURITÉ

cloîtrée dans mon lit,
incapable d'être de sortie,
le store fermé,
la musique commence à rythmer
au fond de mes oreilles,
au fond de mon être,
les battements de mon cœur
sont liés avec la partition,
une immense peur
m'habite à perdition

LISA PÁEZ

je ne connaissais pas cet état d'être
qu'est la dépression avant de le côtoyer
et pourtant,
il m'a directement été familier,
comme si je l'avais toujours eue à mes côtés

dépression,
en toi je me suis immédiatement retrouvée

dépression,
avec toi je me suis sentie complètement comblée

j'ai peur qu'un jour tu disparaisses,
j'ai désormais appris à vivre avec toi

sans toutes ces pensées toujours plus obscures,
toujours plus morbides,
qui serais-je ?
sûrement plus moi…

LES FLAMMES DE L'OBSCURITÉ

j'aurai beau clamer haut et fort
« VIS »,
une partie de mon être
ne cessera de me hurler le contraire

LISA PÁEZ

l'envie de quitter ce monde
qui me tue un peu plus chaque seconde

LES FLAMMES DE L'OBSCURITÉ

le noir a cette chose de réconfortante
c'est ma maison

le noir a cette chose d'apaisante
fort mais frêle comme un cocon

LISA PÁEZ

le noir comble ce manque en moi,
ce vide présent depuis des mois,
des années,
ce vide constant qui me brûle,
me calcine,
m'empêche de respirer correctement

le noir a ce goût de réjouissance,
de reconnaissance,
ce parfum de confort,
où je ressasse tout
encore et encore

LES FLAMMES DE L'OBSCURITÉ

je m'y suis faite,
je m'y suis habituée,
c'est devenu un passe-temps,
une évidence :
être enfermée dans le noir,
m'allonger sur mon lit,
ressasser le désespoir,
développer mon ennui

c'est comme une routine,
une rengaine
je m'y suis faite

LISA PÁEZ

je me sens moi ainsi,
je me sens bien ici,
face à la maladie,
aux côtés de tous ces tourments que j'ai bâti

qui serais-je sans tout cela ?
me reconnaîtrais-je sans ces idées-là ?

LES FLAMMES DE L'OBSCURITÉ

ces pensées qui me tourmentent,
sont devenues mes amies

ces pensées si encombrantes,
sont devenues un train-de-vie

ces idées si touchantes,
ne me laissent aucun répit

ces idées emplies d'épouvante
touchent et anéantissent mon esprit

LISA PÁEZ

la complaisance
d'être dans cet état

l'insouciance
de ce qu'il entraînera

je ne sais pas
où toute ma souffrance m'emportera

je ne sais pas
si un jour réellement elle cessera

LES FLAMMES DE L'OBSCURITÉ

un doux jour d'été
où je me réveille
sans soupçonner ce qui m'attend

une paisible nuit d'été,
où tout a pris un autre tournant :
des rires à la misère,
de la joie à la colère

je ne sais pas
si un jour tout redeviendra comme avant,
je sais juste,
que je m'y plais maintenant

l'obscurité de cet état,
la tristesse de tous ces éclats,
la mélancolie de cette rengaine,
la nostalgie de toute cette peine

PARTIE III - ÂME

Après que le malheur ait enserré ma vie durant près de quatre ans, je ne voyais pas comment il était possible qu'un jour je puisse m'en sortir. Trop de dégoût de vivre, trop de douleurs d'exister. J'étais perdue, je ne voulais plus rien. Rien que l'idée de sortir de ma chambre me donnait des nausées. Aujourd'hui, après tout ce combat, je peux enfin dire m'en être relevée. Je prends conscience de la chance qui m'a été donnée d'exister. Tous ces sourires qui me sont adressés, tout le temps qui m'est accordé, tout l'amour qui m'est donné.

La vie n'est pas toujours simple, pas toujours linéaire, mais ce sont justement ces mauvais côtés qui font que l'on apprécie tant les bons.

Ne prenez pas la maladie ou la rechute comme une défaite, elles n'en sont pas une. Elles sont simplement là pour nous rappeler que nous savons nous battre, que nous pouvons nous battre. Quand bien même un jour nous nous consumons dans les flammes de l'obscurité, il se peut que le lendemain nous soyons là à nous émerveiller devant une lueur de beauté.

Croyez en vous, il y a toujours de l'espoir.

TRIOMPHE

LISA PÁEZ

« le temps arrange les choses »,
cette phrase que l'on m'a dite trop de fois,
alors que j'étais enfermée dans la maladie

une phrase que je détestais,
haïssais,
et pourtant,
elle s'est révélée véritable

le temps ne guérit pas les blessures,
il ne les fait pas disparaître,
il en fait des cicatrices,
des marques visibles,
mais des marques refermées,
qui nous rappellent que nous avons triomphé
ne cessez jamais de vous battre

LES FLAMMES DE L'OBSCURITÉ

ils m'ont fait croire que je n'étais personne,
ils m'ont convaincue que je n'avais pas ma place

ils m'ont fait croire que j'étais un diable
ne pouvant être aimé,
alors que je pleurais toute mon âme
chaque soir espérant un jour être acceptée

mes différences les ont repoussés,
mes différences les ont fait fuir

mes différences m'ont fait apprécier
chaque parcelle de ce corps
et de cet être que je suis

LISA PÁEZ

j'ai longtemps pensé que l'affection d'autrui
m'aiderait dans ma guérison,
j'ai longtemps cru que l'amour des autres
me sauverait

en réalité,
il n'y a qu'un seul amour
qui pouvait me sortir de ce gouffre infernal :
le mien

à partir du jour où je l'ai compris,
où je l'ai accepté,
j'ai décidé que plus rien ne devait m'atteindre,
ne devait me briser,
seulement m'apprendre à avancer

LES FLAMMES DE L'OBSCURITÉ

une médaille,
je n'en ai nul besoin,
les entailles,
parcourant mon corps en sont témoins

certes,
elles résident sur ma peau,
mais ne m'ont pas tuée,
ne m'ont pas achevée,
au-delà de tous mes maux

certes,
mon sang a coulé,
un petit peu,
puis à flot,
mais j'ai fini par comprendre
que pour vivre,
survivre,
exister,
il fallait que j'accorde ma confiance à ces mots

LISA PÁEZ

l'écriture m'a appris à poser des points
là où j'ai trop souvent laissé des gens
écrire mon histoire

l'écriture m'a appris à effacer les discours inutiles
et laisser les mots
pour ceux qui le méritent vraiment

l'écriture m'a appris à déchirer des pages
lorsqu'elles ne m'apportent ni bienfait,
ni affection

LES FLAMMES DE L'OBSCURITÉ

la guérison,
ce n'est pas aller mieux pour toujours,
c'est accepter qu'on ne sera pas heureux tous les jours,
mais qu'on vivra au-delà des rechutes

jamais
jamais
il ne faut perdre espoir

toujours
il faut continuer de se battre

en sachant placer des points à la fin des phrases,
je suis parvenue à mettre un terme à toutes ces relations
pour lesquelles jamais,
mon cœur ne s'embrasait,
mais ne faisait que se consumer,
au fil des déceptions

illusions
mon âme s'est déchirée
pour des personnes qui m'ont repoussée

aujourd'hui,
mon âme brille de par le passage,
de ces cœurs toujours plus scintillants,
de ces cœurs toujours plus rayonnants

LES FLAMMES DE L'OBSCURITÉ

la mort ne délaisse pas l'amour,
car l'amour résonne même à travers les souvenirs

LISA PÁEZ

même si certains dans ma vie
n'ont su m'apporter que de l'ombre,
d'autres ont su me ramener le soleil
les jours de pénombre

LES FLAMMES DE L'OBSCURITÉ

tout le monde parle du coup de foudre,
je veux dire par là,
l'amoureux,
le tendre,
le merveilleux

mais pourquoi personne ne parle
de son clone en amitié ?
celui qui une fois trouvé,
te donne l'impression
d'à nouveau pouvoir respirer,
cette relation dans laquelle tu peux sourire,
rire,
pleurer,
exister,
rayonner,
sans avoir aucune fois la peur d'être jugée
ou critiquée

étant à tes côtés,
mes différences prenaient la forme d'une rareté,
d'une particularité,
d'une beauté

tu as su me faire apprécier tous ces éléments
qui me faisaient me détester
inconsciemment

LES FLAMMES DE L'OBSCURITÉ

à toi
qui m'a acceptée
malgré tout ce que j'ai pu traverser

à toi
qui ne m'a jamais jugée,
en dépit de tout ce que j'ai été

à toi
qui à su faire de mes pires défauts,
mes meilleures qualités

à toi
qui a accepté de m'écouter,
chaque fois que j'avais besoin de parler

LISA PÁEZ

l'écriture,
les mots,
les phrases,
m'ont sauvée
comme personne ne l'a fait

LES FLAMMES DE L'OBSCURITÉ

un corps quel qu'il soit,
enveloppé,
aminci,
vieux,
jeune,
grand,
petit,
ridé,
ou bien,
tel qu'il a toujours été,
sera beau,
beau bien au-delà de ce que tout le monde appelle
« défaut »

LISA PÁEZ

notre amitié m'a fait comprendre,
m'a fait entendre,
que l'on a tous une valeur

notre amitié m'a fait réaliser,
m'a fait assimiler,
que l'on a tous notre place

notre amitié m'a fait concevoir,
m'a fait percevoir,
que l'on peut tous être aimé

RECONSTRUCTION

LISA PÁEZ

j'ai appris à m'accepter,
le jour où j'ai compris,
qu'il y aura toujours quelqu'un pour me critiquer

LES FLAMMES DE L'OBSCURITÉ

c'est non plus de moi,
mais de la maladie
dont je veux me débarrasser

LISA PÁEZ

n'espérez pas
que le monde bouge
si vous ne le faites pas avancer

n'espérez pas
qu'il n'y ait plus de malheur
si vous ne faites pas tout
pour y remédier

LES FLAMMES DE L'OBSCURITÉ

je veux vivre
bien au-delà de survivre
je veux exister
bien au-delà de résister

LISA PÁEZ

on ressent par moment de la haine,
de la colère,
de la peine,
on endure parfois,
voire souvent,
une tristesse quotidienne

ce qu'il faut toutefois retenir de chaque relation,
c'est que si elle a existé,
elle fait partie de notre évolution

l'amour ne peut pas réellement nous briser,
il nous fait prendre conscience à quel point,
nous sommes capables d'aimer,
de partager,
de donner

LES FLAMMES DE L'OBSCURITÉ

le bonheur ?
une chose que j'ai longtemps cherchée,
et que j'ai fini par trouver,
en étant à tes côtés

tu fais ressortir cette joie,
qui est enfouie en moi
depuis tant de temps

tu me fais afficher des sourires,
toujours plus réels,
toujours plus francs

LISA PÁEZ

la magie de la vie,
c'est partir de rien
et arriver à tout,
malgré ce que l'on vit

LES FLAMMES DE L'OBSCURITÉ

la vie est un échec
si nous n'essayons pas
d'emprunter le chemin
qui mène à la victoire

LISA PÁEZ

nous sommes nous-mêmes la clé de notre bonheur

LES FLAMMES DE L'OBSCURITÉ

vouloir de nouveau faire place au soleil

être enfin joyeuse de rester en éveil

me dire qu'ici je place un point

c'est l'unique chose dont j'ai besoin

LISA PÁEZ

j'aime les mots,
je leur trouve un tel charme,
une telle beauté,
qu'il n'y a pas de mauvaise manière de les utiliser

ils sont mon échappatoire,
mon remède

ils me comblent,
comblent cette partie de moi,
celle qui était si vide autrefois

LES FLAMMES DE L'OBSCURITÉ

j'ai réussi à accepter l'amour,
le jour où j'ai compris,
que pour le laisser entrer dans ma vie,
il fallait que je me l'offre à moi-même

LISA PÁEZ

j'ai découvert
que d'autant plus je fleurirai,
je grandirai,
je m'épanouirai,
quand j'arrêterai de donner du pouvoir
aux gens comme vous
qui m'ont piétinée

LES FLAMMES DE L'OBSCURITÉ

la guérison est l'étape finale de la maladie
sans l'une,
l'autre n'existe pas

nous finissons toujours par guérir,
fleurir,
nous reconstruire,
peu importe de quelle manière,
l'important est que le soleil
finit toujours par apparaître,
même si la veille une tornade a tout ravagé

LISA PÁEZ

la beauté,
qu'est-ce ?
seulement cet aspect illusoire de notre société

on doit atteindre des critères,
quitte à se délaisser
et mettre de côté notre santé,
uniquement dans l'objectif de plaire

quand est-ce que la société
va arrêter de dénigrer,
d'insulter,
de critiquer les distinctions
et de vouloir tant chercher la perfection ?

LES FLAMMES DE L'OBSCURITÉ

on laisse trop souvent les autres
avoir une influence néfaste sur notre estime
et tant l'abîmer,
parfois même jusqu'à la faire céder

en fin de compte,
il y aura toujours mieux ailleurs,
alors pourquoi vouloir dépasser
ce que l'on appelle « perfection »
sachant qu'elle-même a bien trop de défauts ?

LISA PÁEZ

j'ai commencé à me reconstruire
le jour où j'ai compris
qu'il fallait que j'arrête de porter de l'attention
à ceux qui ont transformé ma vie en débris,
et que je la centre
sur ceux qui ont ramassé tous ces morceaux
pour les recoller
de part leur bienséance,
leur gentillesse,
et leur bienveillance

LES FLAMMES DE L'OBSCURITÉ

j'ai trouvé ma place,
celle que j'ai si longtemps cherchée,
elle était juste là,
au fin fond des mots

LISA PÁEZ

« je t'aime » :
trois mots que la plupart n'utilisent pas assez,
pour des raisons qui,
je dois dire,
sont dépassées

la peur qu'ils ne soient pas acceptés,
la peur qu'ils ne nous soient pas retournés,
ou simplement la peur qu'ils ne soient pas écoutés
alors,
oui,
il arrive souvent,
qu'une fois prononcés,
vous les regrettiez
toutefois,
une chose qui est trop de fois oubliée,
est qu'il n'y a pas de meilleur sentiment qu'aimer
qui nous fasse tant exister

LES FLAMMES DE L'OBSCURITÉ

le bonheur
ne se cherche pas
ni ne se trouve

le bonheur s'écrit
à sa propre effigie

le bonheur se ressent
et s'éprouve

le bonheur s'inscrit
à sa propre vie

LISA PÁEZ

l'amour blesse mais il fait exister

l'amour,
certains disent que c'est une faiblesse,
alors pourquoi sommes-nous tant à le désirer ?

l'amour brise quand il n'est pas mutuel
or,
cela ne devrait pas nous atteindre,
car le seul amour perpétuel
est le nôtre
et personne ne devrait pouvoir l'éteindre

LES FLAMMES DE L'OBSCURITÉ

à tes côtés,
je me suis sentie exister

à tes côtés,
je me suis sentie revivre,
m'enflammer

à tes côtés,
j'ai compris le sens du mot « aimer »,
toutes ses significations,
toutes ses définitions

LISA PÁEZ

vous êtes de ceux qui rayonnent,
qui dévêtissent mes peurs
qui rebâtissent mon cœur

vous êtes de ceux qui affectionnent,
qui sont à la hauteur,
qui rendent ce monde meilleur

LES FLAMMES DE L'OBSCURITÉ

de ton décès,
il ne restait que des larmes,
là où aujourd'hui,
domine une montagne de sourires,
de tous nos souvenirs

je ne peux plus te parler,
je ne peux plus me confier à toi,
je ne peux plus t'enlacer,
pourtant,
je n'ai jamais cessé de t'aimer

LISA PÁEZ

les relations peuvent aider,
aider à se construire,
aider à s'apprécier

les relations peuvent sauver,
sauver cet être détruit,
par toutes ces années passées

LES FLAMMES DE L'OBSCURITÉ

je veux me battre pour cette vie,
pour la mienne,
je veux écrire mon histoire,
celle qui me fera exister

je veux me souvenir
que jamais je n'ai cessé de me battre
et que j'ai réussi à triompher

aujourd'hui,
prend place ma reconstruction,
celle de mon existence,
celle que tant d'autres ont achevée,
mais ils n'auront désormais plus le contrôle
sur si je peux,
ou non,
briller

il y a un temps
où ils ont voulu m'éteindre pour plaire,
maintenant,
je mets le point final à cette guerre

REMERCIEMENTS

Merci à toi, papa, qui est systématiquement présent à mes côtés dans chaque événement qui bouscule ma vie, positivement ou négativement. Je te remercie de faire preuve de tant de patience envers moi.

Merci à toi, maman, qui fait tellement preuve de compréhension envers moi. Je te remercie de m'avoir offert cette vie, car quand bien même il m'est arrivée de la détester, aujourd'hui je te suis reconnaissante de ce cadeau.

Merci à toi, papy, qui me prouve que l'amour n'a parfois pas de mots. Je te remercie de me montrer que j'ai ma place dans ce monde.

Merci à toi, Anaïs, qui m'aide aussi souvent que j'en ai besoin. Je te remercie d'améliorer et d'embellir ma vie chaque jour.

Merci à vous, Romane et Justine, de prendre la patience de m'accepter, de me faire me sentir exister, d'être des éclats de soleil qui me font rire et me consolent. Je vous remercie de me faire voir le positif quand je ne vois que le sombre.

Merci à vous, qui, malgré votre absence, êtes présents à mes côtés plus que jamais. Je vous remercie d'avoir si souvent ensoleillé ma vie.

Merci à tous mes oncles, tantes et cousin.e.s qui demandent tout le temps de mes nouvelles, et qui me persuadent de résister en dépit de tout.

Merci à toi, Noémie, de faire de notre amitié, un endroit où je peux rire, pleurer, grandir ou rayonner. Je te remercie de faire partie de cette relation qui m'a fait grandement fleurir, et véritablement m'épanouir.

Merci à toi, Valentine, qui me fait comprendre la signification du « loin des yeux, près du coeur ». Je te remercie de m'avoir fait une place dans un coin de ta vie.

Merci à toi, Camélie, d'être le reflet d'une personne authentique, qui me fait sentir que j'ai ma place. Je te remercie de m'écouter dans les situations où j'ai besoin de l'être plus que tout.

Merci à toi, Laure, pour l'inconditionnel soutien. Pour me redonner confiance en moi et mes écrits. Je te remercie du temps que tu m'accordes.

Merci à toi, Clara, de m'accompagner dans chacune de mes folies sans jamais porter de jugement. Je te remercie de me raisonner lorsque je n'y arrive pas moi-même.

Merci à toi, Lily, de m'avoir fait comprendre qu'il y a des personnes qui sont faites pour rentrer dans notre vie et l'embellir. Je te remercie de ne m'avoir jamais lâchée, même dans les moments où notre amitié aurait pu céder.

Merci à toi, Anaëlle, de m'avoir appris à me battre, à combattre mes démons. Je te remercie pour ces 10 années d'amitié.

Merci à toi, Loann, de me raconter tous tes projets d'écriture, et de prendre le temps d'écouter à ton tour les miens. Je te remercie de ton aide infaillible et de tes mots si touchants.

Merci à vous Luna, Lilou et Lucie, de me montrer quotidiennement ce qu'est la force et le courage. Je vous remercie pour tous les sourires francs que, grâce à vous, j'ai affichés.

Merci à vous, Rim, Inès et Louna, de m'avoir accordé votre confiance et de m'avoir fait comprendre que je pouvais accorder la mienne à mon tour. Je vous remercie de toujours porter une attention sensible sur moi.

Merci à vous, Léanne et Louna, de vous être investies dans mes projets parfois plus que moi-même. Je vous remercie pour tous ces beaux mots que vous avez pu m'adresser et que je n'oublierai jamais.

Merci à tous mes bêtas-lecteurs qui ont pris le temps de repasser derrière mes erreurs et d'améliorer mes écrits. Je vous en remercie.

Merci à vous, qui, en dépit de toutes nos altercations, nos disputes et nos rancœurs, m'avez donné la force de repousser mes limites et de me battre. Vous qui m'avez donné le courage de poser tous mes maux à l'écrit, pour les faire vivre, les faire exister, et non les laisser dans mon esprit me torturer.

Merci à toi, qui m'a fait comprendre qu'on doit vivre pour soi et non pour les autres, et que leurs comportements ne doivent pas affecter notre façon d'être, de penser et de s'aimer.

Merci à vous, qui me faites désormais réaliser que dire « non » ce n'est pas décevoir, c'est simplement se respecter soi, et y croire.

Merci à vous, d'avoir poursuivi votre lecture au cœur même de mon âme.
Rendez-vous bientôt pour de nouveaux écrits.

Os quiero por el apoyo y el cariño que me dais <3